Amours, galanteries

passe-temps des Actrices

LES AMOURS,

GALANTERIES ET PASSE-TEMPS

DES ACTRICES.

Je me mettais à Califourchon
sur le ventre de mon amant.

LES AMOURS,

GALANTERIES ET PASSE-TEMPS

DES ACTRICES,

ou

CONFESSIONS

CURIEUSES ET GALANTES DE CES DAMES,

RÉDIGÉES

PAR UNE BAYADÈRE DE L'OPÉRA.

Jouir, c'est tout.
(Maximes d'une Comédienne.)

A COUILLOPOLIS.

1700.

LES AMOURS,

GALANTERIES ET PASSE-TEMPS

DES ACTRICES.

INTRODUCTION.

Une représentation à bénéfice.

Tout le monde sait aujourd'hui ce que
c'est qu'une représentation à bénéfice et

le public ne s'y laisse plus tromper, si le nom de l'artiste au profit de qui elle se donne n'est inscrit en grands et lisibles caractères en tête de l'affiche, car ne vous y trompez pas, toutes les fois que cette indication manquera, toutes les fois que vous verrez au bénéfice *d'un homme de lettres, d'un ancien régisseur, d'une malheureuse veuve*, etc., croyez fortement que le directeur du théâtre fait jouer à son propre bénéfice et qu'il n'a fait que forcer le spectacle pour raison de manque de fonds en caisse, c'est d'ailleurs un petit calcul qui n'est pas toujours sot, il n'y a malheureusement que le public qui ait droit souvent de se plaindre d'avoir été mystifié dans ces sortes d'occasions. Mais le public parisien est naturellement bon enfant et n'élève la voix que quand la plaisanterie passe les bornes, et j'ai plus d'une fois admiré sa patience, parce que plus d'une fois j'ai assisté à des représentations pour lesquelles

on avait doublé, triplé, voire même qua-
druplé les places et qui ne valaient pas en
conscience et à mon avis du moins, les représentations ordinaires.

N'allez pas croire non plus, que quelqu'élevée que soit la recette d'une représentation au bénéfice d'un acteur ou d'une
actrice, elle soit bien fructueuse pour le ou
la bénéficiaire ; comptez qu'il faut d'abord
déduire du montant de cette recette :

Frais de la Salle.

Frais de luminaires.

Frais de costumes.

Frais des pauvres.

Droits d'auteurs.

etc., etc., etc......

Et, ce qu'on ne compte pas surtout, c'est

le grand dîner qu'il est obligé de donner un ou deux jours après à son directeur, à ses camarades et anx divers talens qui ont co-opéré à sa représentation, dîner qui ab-sorbe souvent le peu qui eut pu lui revenir. Ah! croyez-moi, tout n'est pas profit pour les bénéficiaires de nos grands comme de nos petits théâtres.

Or, c'est d'un de ces dîners dramatiques et artistiques que j'ai à vous entretenir pour l'intérêt des divers chapitres de la vie de nos actrices, que j'ai à faire passer sous vos yeux.

C'était le lendemain d'une représentation donnée au bénéfice de Lepeintre ainé, le plus gai, le plus amusant et peut-être le meilleur comédien de notre siècle; il avait à sa table l'élite des artistes de la capitale, parce que généralement aimé, l'élite des artistes avait voulu coopérer à ce que cette représenta-tion fut des plus lucratives pour lui, on y remarquait Nourrit le chanteur et Perrot le danseur de l'Opéra, Samson et Perrier des Français ; et des autres théâtres, Odry, Vernet, Arnal, Bouffé, etc., etc., etc. Mais ce qu'il fallait surtout admirer, c'était la réunion charmante des femmes qui avaient bien voulu lui prêter l'appui de leur talent :

Mesdames. Brocardini.
Manteville.
Dufont.   des Français.
Bourgoin.

Boussiflure.   de l'Opéra com.

Théodorine.
Jenny Dupré.   du Gymnase
Léontina Fayré.   dramatique.

Maria.
Jenny Cossen.   des Variétés.

Et enfin de nos théâtres secondaires.
Mesdames. Eléonora.   de l'Amigu
Edelina.   comique.

Ce dîner respirait la joie la plus vive et la plus franche, c'était un feu roulant de saillies et de spirituelles plaisanteries, on s'attaquait surtout à la blonde et jolie Jenny Cossen qui venait pour la deuxième fois de dire adieu à son nom de madame Dufond, mais elle soutenait les railleries et les sarcasmes de ses camarades avec un esprit et une vivacité de réparties qui réduisaient bientôt les plus acharnés au silence.

Le Champagne et les bons mots circulaient donc à mieux mieux, et plut à Dieu que cette franche gaîté ne se fut pas anéantie au dessert, où la politique, l'éternelle et insipide politique fut mise par ces messieurs sur le tapis. Alors ces petites galanteries et déférences qu'on avait eues pour les dames cessèrent-elles tout à coup, plus de tendres œillades, plus de serremens de mains ou de pressions de genoux, àussi prévoyant l'orage qui allait gronder tout à l'heure, échauffées qu'étaient toutes ces têtes, nos belles jugèrent-elles à propos de quitter une à une la table et de laisser ces messieurs se disputer tout à leur aise, se partager l'Europe et se déclarer qui pour don Miguel, qui pour don Pedro, qui pour la royauté, qui pour la république et les folles riaient à part de ces altercations masculines parce qu'elles savaient bien que toutes ces opinions si diverses viendraient à la fin se fondre en une seule et unique, l'amour du juste milieu.

Ayant donc fait prudemment retraite comme je vous le disais tout à l'heure une à une, elles se réunirent dans le salon voisin de la pièce où se passaient les discussions politiques et bientôt ce fut entr'elles un babil des plus divertissans, de ces confidences qu'on ne peut faire que de femmes à femmes, chacune avait une petite anecdote scandaleuse à raconter, soit sur la ville, sur la cour et quand on n'eut plus à parler d'autrui il fallut bien parler de soi, car la femme

est ainsi faite, qu'elle aimerait mieux mé-
dire d'elle-même que de se taire. Ainsi, tandis que ces messieurs discouraient politique
ces damee raisonnaient amour, et bientôt il
fut convenu que chacune ferait sa confession de l'occasion de sa vie galante, où elle
aurait eu le plus de plaisir et ce fut à la
Bourgoin que fut dévolu l'honneur de parler la première, comme étant la doyenne
de ce petit comité, elle ne se fit pas prier
et commença ainsi :

AMOURS ET GALANTERIES.

PASSE TEMPS DES ACTRICES.

CHAPITRE I.

Récit de Mlle. Bourgoin.

Avant tout, mesdames, je vous demande la permission de ne point nommer le héros de l'aventure, libre à chacune de vous après d'en faire autant, qu'il vous suffise de savoir que c'est un jeune homme à qui j'ai ouvert la carrière comme auteur dramatique, croit m'avoir beaucoup d'obligation, tandis qu'en le protégeant et en cherchant

2

à me l'attacher, je n'écoutais que la passion que sa jolie figure et sa tournure distinguée m'avaient inspirée, et certes je puis
dire, que si je mettais en balance le peu
que j'ai fait pour lui et les plaisirs sans égal
dont il a rempli mon âme pendant notre
courte liaison, je me trouverais être bien en
retour envers lui.

A l'époque dont je vais vous entretenir,
j'avais pour amant en titre un de nos plus
riches agens de change R....... que vous
connaissez toutes, je jouissais avec lui de
tous les plaisirs que peut donner la fortune.
Mais, déjà près de la soixantaine, ce baudet
de Plutus ne remplissait pas certain vide
que je sentais au cœur, c'est pourquoi je lui
avais donné pour adjoint et suppléant M...,
(c'est sous cette initiale que je vous désigne-
rai mon jeune auteur); celui-ci jouissait
gratuitement des faveurs que l'autre payait
au plus haut prix.

Ma promenade favorite était le bois de

Boulogne et je m'y rendais souvent en compagnie avec mon jeune favori dans un élégant équipage que je tenais de la libéralité de mon entreteneur, une fois a la porte Maillot je renvoyais l'équipage avec ordre de venir me chercher à une certaine heure que je désignais à mon cocher, puis nous nous enfoncions dans les allées du bois, cherchant les sentiers les plus déserts et les moins fréquentés, et quand nous étions parvenus à découvrir quelque endroit où nous puissions nous croire à l'abri de tout regard indiscret, nous nous livrions à toute notre passion et à mille jeux charmans, inventant les postures les plus piquantes, aiguillonnant ainsi nos plaisirs et rendant nos jouissances toujours nouvelles en les variant à l'infini.

Nous commencions par les plus doux préliminaires, et quand je m'étais débarrassé de mon châle et de mon chapeau, attirail si ennuyeux quand on veut jouir en

toute liberté des plaisirs de la campagne ;
mon jeune amant me soulevait dans ses
bras jusqu'à la hauteur de quelque branche
d'arbre que je saisissais et à laquelle je me
suspendais aussi long-temps que mes forces
pouvaient me le permettre, M...... de son
côté plaçait sa tête entre mes cuisses et plaçant ainsi mes jambes sur ses épaules et ses
deux mains sous mes fesses, il m'aidait à
me soutenir, tandis que plaçant sa langue à
l'entrée du temple des plaisirs, il me pro-
voquait par les plus douces titillations à ré-
pandre la liqueur divine que je sentais fer-
menter dans mes veines et ce n'est qu'après
avoir reçu le nectar sur les lèvres qu'il me
redescendait mollement à terre, et qu'il se
mettait en position de combler la mesure
de nos jouissances dans la situation où j'af-
fectionnais de le voir et qui était pour moi
le suprême degré de félicité.

Voici en quoi consistait cette position.

Nous choisissions un endroit qui formait le tertre et se trouvait un peu incliné, alors mon jeune amant s'étendait tout de son long sur le dos, par un tendre badinage, ma main faisait sauter les boutons qui retenaient le pont de son pentalon et j'en voyais s'élancer le serpent qui séduisit notre mère Eve ; dans mon ardeur amoureuse je saisissais ce charmant serpent et le serrant dans ma main, je le carressais et le couvrais de baisers, puis quand sa tête, rougissant de colère de se voir ainsi captif, commençait à se couvrir d'une légére écume blanche, je me mettais à califourchon sur le ventre de mon amant et guidant moi-même le monstre aimable dont la fureur me menaçait, je l'introduisais dans l'endroit où j'aimais à le sentir darder son venin. Oh ! quels ravissemens c'était alors ! Mes yeux à demi fermés par le plaisir que j'éprouvais, distingnaient à peine mon amant qui lui-même se mourait de bonheur; bientôt ce n'étaient plus entre nous qu'un chorus d'exclamations plus amoureuses les unes que les autres : Attends... ne meurs pas encore... je sens mon â... me... qui s'envo... le, ah ! ah !... je cou... le... et nous arrivions ensemble à la suprême félicité. Ah ! croyez-en mon expérience, Mesdames, dit la lascive Bourgoin en terminant. La posture à califourchon est la plus propice à la véritable jouissance.

CHAPITRE II.

Récit de madame Théodorine.

Pour moi, s'empressa de dire madame Théodorine, il est une façon de jouir que je préfère de beaucoup à celle que vous nous citez, c'est celle que m'enseigna un soir le jeune comte de C...; aussi mesdames, quand vous saurez en quoi consiste ette façon-là et les plaisirs qu'elle m'a procurés, vous ne serez pas étonnées d'apprendre que depuis, elle est ma posture de prédilection dans les ébats amoureux.

Vous connaissez toutes de vue l'amant dont je veux vous parler, c'est un des plus jolis hommes de Paris et je ne vous ferai donc pas son portrait, je vous dirai seulement qu'il joint à ses agrémens extérieurs la plus exquise amabilité dans son commerce avec les femmes ; c'est le mauvais sujet le plus délicieusement roué qu'il soit possible de voir, et si je n'en étais qu'à l'A B C dans l'art de jouir quand il me prit pour maîtresse, j'ai fait sous sa direction de rapides progrès, il avait mille moyens de centupler le plaisir et ce qui avec un autre homme eut paru commun et trivial, il savait par un raffinement séduisant de libertinage le faire adopter au point qu'on était tenté souvent de lui demander de recommencer une action dont on n'avait qu'une idée de dégoût.

Le goût de ce jeune seigneur pour le socratisme m'était fort connu, mais jamais il n'osa s'ouvrir à moi sur cette passion antiphsyique, il savait trop bien qu'il aurait été repoussé avec perte, je ne suis pas plus bégueule qu'une autre, mais jamais je n'ai pu concevoir l'idée de ces hommes qui vont chercher la volupté dans un lieu si peu propre à lui servir d'asile, donc mon jeune amant n'osant m'insinuer de me prêter à sa antaisie, s'en dédomm ageait en ne prenant dans nos ébats amoure ux que des attitudes où l'autel sur lequel il br ûlait de sacrifier fut au moins en évidence, c'est ainsi qu'il en vint à imaginer la posture charmante que je vais vous décrire.

C'était un soir après avoir fait ensemble les plus agréables folies : Tiens ma chère amie, me dit-il, si tu veux te prêter à mes désirs, nous allons jouir d'un bonheur que tu n'as pas encore connu, moi qui m'imaginais qu'il voulait me traiter comme Jupiter traita Ganimède. N'espérez pas, lui dis-je, que vous me déciderez jamais à de pareilles horreur. — Enfant, me dit-il en souriant, l'horreur n'est que dans ton imagination, et si jamais tu avais éprouvé une seule fois tout ce qu'une femme peut sentir de délices en sentant un outil masculin bien poli s'introduire dans les replis les plus secrets de cet admirable lieu , tu serais la première à renoncer à toute autre espèce de culte, toutefois, rassure-toi, comme je ne veux pas d'un plaisir que tu ne partagerais pas, ce n'est pas ce que je te demande en ce moment, seulement quitte tous tes vêtemens.

J'obéis et je ne gardai bientôt plus de toute ma toillette que ma chemise, que mon amant m'invita à relever plus haut que la ceinture, afin qu'il put , disait-il , admirer tout à son aise mes belles fesses et ma charmante chute de reins, à cet effet, m'ayant fait lui tourner le dos, il plaça devant moi une chaise sur les bâtons de laquelle je plaçai mon pied droit, laissant le gauche par terre et bientôt je sentis par derrière moi se glisser entre mes cuisses le dard ardent de mon aimable comte, peut-être ne fut-ce pas sans quelque regret qu'il vint se placer

daus la route frayée sans pouvoir s'arrêter
dans celle qui ne l'était pas, quoi qu'il en
soit, jamais plaisir ne fut égal à celui que
nons goutâmes en ce moment ; la position
où j'étais, faisait que mon objet tant soit
peu contourné serrait son outil comme dans
une gaîne, je sentais à ses fréquens soupirs
tous les plaisirs qu'il avait, tandis que moi-
même j'en étais inondée, car tandis qu'il
me travaillait ainsi mon petit réduit, ses
deux mains placées sur mes tétons en cha-
touillaient doucement les extrémités, ce fut
dans des extases célestes que l'œuvre s'accomplit et depuis cette posture est devenue
ma posture favorite, et je la conseille à mes
amies, elles m'en diront des nouvelles si
elles veulent bien la mettre à exécution.

CHAPITRE III.

Opinion de Mlle. Boussifflure.

Mesdames, dit à son tour Mlle. Boussiflure, si vous voulez me permettre d'émettre ma pensée, je crois que telle posture que l'on prenne pour arriver à la jouissance, elle ne vaut jamais le doux plaisir que nous goûtons par les préliminaires : si on était raisonnable, on se bornerait toujours à la *petite oie*, la jouissance n'en serait pas moindre, et elle aurait l'avantage d'être plus durable. D'ailleurs, nous ne serions pas exposées à une foule d'inconvéniens auxquelles nous sommes sujettes. Nous outres pauvres femmes, dès que nous permettons l'entrée du temple des plaisirs à ces vilains hommes qui ne songent qu'à contenter leur passion, sans s'inquiéter le moins du monde de notre réputation ni des suites que peut avoir pour nous une tendre faiblesse.

— Oh ! mademoiselle la philosophe, interrompit la Bourgoin, ne vas-tu pas prêcher morale et vouloir nous ameuter contre les hommes ; ne dirait-on pas que tou banquier D.... n'a d'autre régime que celui que tu voudrais nous imposer, et qu'il ne se nourrit que de viande creuse !

— Ne riez pas tant, mesdames, reprit Mlle. Boussifflure : mon banquier, qui ne veut que ce que je veux, ménage ma santé, et *la petite oie* est ce que nous faisons le plus souvent, mais en y joignant tous les accessoirs dont ce doux jeu est susceptible. Quand je veux me livrer à ce plaisir avec mon aimable banquier, je fais consigner ma porte à tout le monde, et pour cause, ne voulant être interrompu dans ce délicieux passe-temps. Nous nous rendons mutuellement le service de nous débarrasser de nos vêtemens, et quand il ne reste plus à chacun de nous que sa chemise, nous nous mettons sur le lit et là commence l'œuvre d'amour.

Mon amant relevant ma chemise jusqu'au-dessus du nombril, met à découvert mes appas les plus secrets, et promenant ses mains et ses yeux sur deux tétons fermes, ronds et blancs comme l'albâtre, sur deux cuisses faites au tour, il me renverse mollement, je reste appuyée sur le coude gauche, laissant ainsi toute liberté à ma main droite d'agir et de saisir l'instrument de mon cher D......, qui s'est mis à genoux à mon côté. Quel plaisir j'éprouve à presser ce membre charmant entre mes doigts, que je fais doucement glisser du haut en bas, tantôt coiffant tantôt découvrant sa tête rouge et ver-

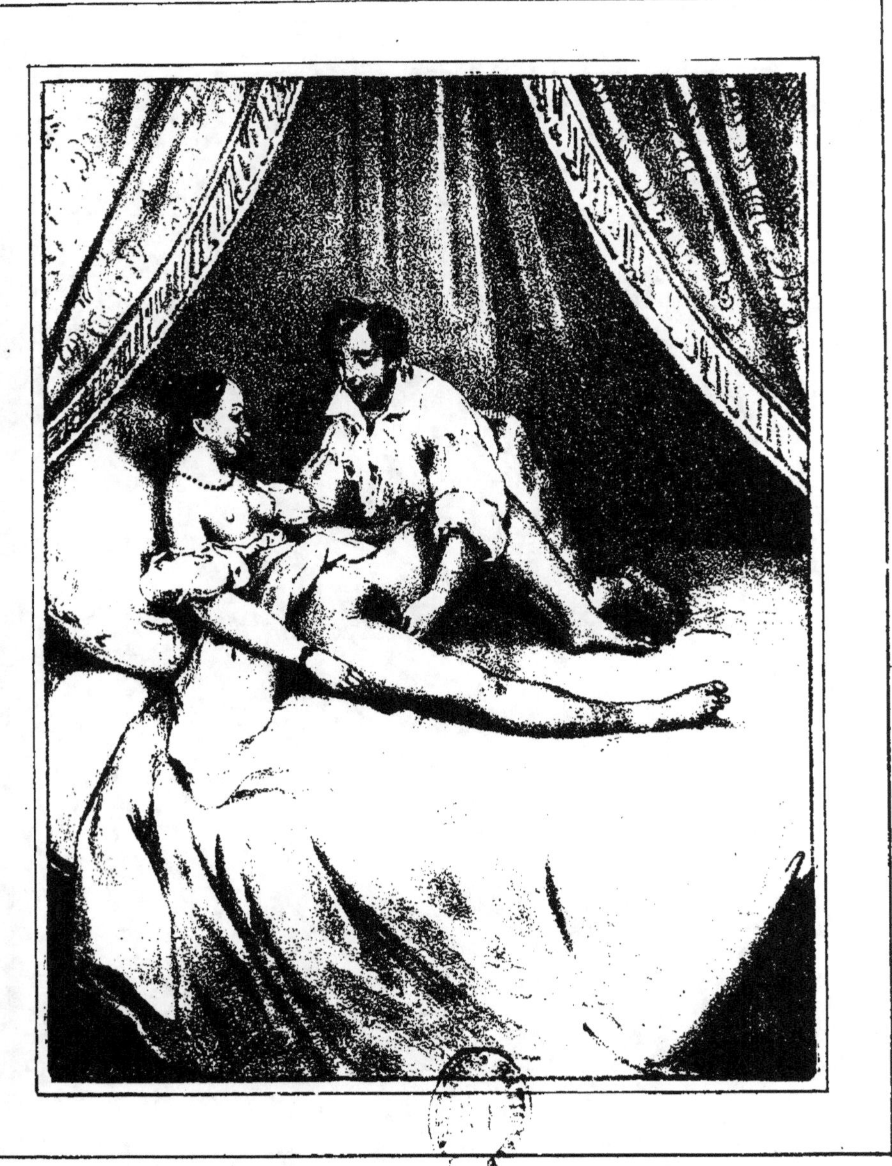

Quel plaisir j'éprouve a pressé ce
membre charmant.

meille. Pendant que je me livre à cet agréable badinage, mon jeune amant ne reste pas oisif, et pour me rendre tout le bonheur dont je le fais jouir, il introduit son doigt entre les poils de mon minon, et s'arrêtant sur la petite éminence qu'il y rencontre, il prélude par les plus douces titillations à la félicité dont peu à peu je me sens inondée ; les yeux noyés de larmes du plaisir, nous fixons l'un sur l'autre les plus tendres regards, et bientôt nos soupirs se confondent dans les plus tendres embrassemens, nos mains redoublent d'agilité ; le parfait bonheur n'est que dans la légéreté de la main d'un amant chéri ; il semble que sous ce frottement délicieux de son doigt notre âme va se fondre : on n'existe plus au monde ; on est dans un autre univers, et quelles ineffables délices quand votre voix mourante se joignant à la sienne, l'implore pour que son doigt ne quitte pas cet endroit, siége

du plaisir , et lui dit : Ah ! grâce, grâce,
mon ami.........; c'est trop..... de plai....
sir....... à la fois...... grâ........ ce......;
ah......! je n'en........ puis plus......, je
me meurs......... Ces mots hâtent pour
lui le moment de l'éjaculation , et bientôt il tombe dans vos bras , en lançant
sur vous la liqueur céleste , et en rece-
vant dans sa main celle que vous-même
vous allez lui verser avec une si grande
profusion !

— Oh ! la petite bougresse , s'écria la
Bourgoin en éclattant de rire , lorsque
Mlle. Boussifflure eut terminé. Quel feu
elle met dans ses peintures : c'est au
point que j'ai failli m'oublier moi-même
devant vous , mesdames, et je vous avouerai franchement que cela m'a fait éprouver
à certains endroits un chatouillement ex-
traordinaire....... — Mais, voyons à votre
tour, paillarde Brocadini , dites-nous votre avis sur ce point délicat : car je ne

pense pas que vous soyez , comme la Boussifflure , portée pour *la petite oie* ?

Alors la Brocadini prit la parole et s'ex-
prima ainsî :

CHAPITRE IV.

Mademoiselle Brocardini.

Non certainement, s'empressa de dire mademoiselle Brocardini, la petite oie, fi donc, et par crainte de la grossesse encore, la petite oie ; mais c'est presque du platonisme, passe encore de l'employer pour se mettre en train, mais y perdre sa semence et ne pas brûler son encens sur l'autel digne de la recevoir, j'en voudrais éternellement à quelqu'un qui me jouerait ce mauvais tour. Jouir est tout, voilà ma maxime et ce dont vous parlez est tout au plus une demi jouissance, selon moi, le suprême bonheur consiste dans ce doux chatouillement que nous éprouvons lorsque le sperme de l'homme s'élance vigoureusement du réservoir qui le contenait et vient darder jusqu'au plus profond de notre matrice ; la posture que je crois la plus propre à nous faire parvenir au but, est celle que j'utilise particulièrement avec le comte de B......

D'abord je dois vous prévenir que j'ai toujours regardé le lit comme le meuble sur lequel deux amans doivent de préférence se livrer aux ébats amoureux ; à mon avis, tout autre meuble présente toujours quelque gêne, vous m'observerez qu'on n'est pas toujours libre de choisir, que l'occasion fait le larron et qu'on prend son plaisir où on le trouve, et qu'alors l'affaire n'en est pas moins douce pour avoir été faite sur le mol édredon, le fauteuil de crinoline, voire même sur une simple chaise de paille, ou encore sur un banc de bois.

Pour moi, c'est sur mon lit que j'aime à

me livrer aux caresses et aux embrassemens de mon aimable comte, et comme je
ne sais pas ce que c'est que d'être retenue
ou gênée par une feinte pudeur, je me dé-
fais de tous mes vêtemens pour mieux éta-
ler à ses yeux tous les appas dont il a plu
à la nature de me gratifier. Oh! comme
alors ses regards me dévorent, avec quelle
ivresse il palpe mes tétons; mes cuisses,
ma moniche, quels brûlans baisers il y im-
prime, ses caresses ne tardent pas à me mettre hors de moi, ma langue se joue sous la
sienne et la sève du plaisir parcourt tous
mes membres des pieds à la tête, je l'enlace
dans mes bras, je l'appelle des noms les plus
tendres et je le force à m'exhiber le dard
qui doit bientôt me perforer jusqu'aux entrailles, quand par suite de nos tendres badinages, tous deux nous sommes en feu, je
me renverse tout de mon long, j'offre à ses
baisers les extrémités de mes tétons fermes
et ronds sur lesquels il se pâme de plaisir,

pour le ranimer je me place de manière que
mes deux pieds posant sur le lit font de mes
jambes une sorte de voûte qui laisse à découvert le centre des plaisirs ; peu à peu je
les écarte et mon jeune amant se plaçant
entre elles deux, les prend et les soulève
sur ses épaules, tandis qu'il braque son instrument à l'entrée de ma petite affaire,
bientôt par un léger tour de reins je sens
que l'ennemi s'est introduit dans la place,
je le reçois avec calme d'abord, mais peu
à peu ce calme disparaît pour faire place à
une fureur amoureuse dont je ne suis bientôt plus la maîtresse ; je me démène comme
une possédée et tandis que je jouis des vi-
goureuses secousses qui me sont données par
la cheville ouvrière du comte, mon doigt,
mon propre doigt ajoute au plaisir que j'ai
déjà, en allant se placer sur mon clitoris et
en hâtant par un léger frottement le moment de la décharge, bientôt ce moment
arrive, je pique des deux ma monture et

sans désarçonner mon cavalier je me jette de droite à gauche , de gauche à droite, en haut , en bas , au milieu des plus volup-tueuses exclamations auxquelles mon amant joint les siennes. Ah ! ne finis pas encore... attends.... attends moi.... je suis aux.... ames.... ça vient.... arrivons ensemble.... ah ! mon ami... tiens... tiens... ah ! tiens... c'est fini et croisant étroitement mes jam-bes, je retiens ainsi mon amant collé contre moi et reçois jusqu'au fond de l'ame son sperme, qui se confond avec le mien au milieu des plus célestes ravissemens.

CHAPITRE V.

Mlle. Eléonora.

Moi, dit Eléonora, de toutes les occasions de plaisirs que j'ai eues dans ma
vie, la plus saillante, et celle dont je me
rappelle toujours avec une secrète satisfac-
tion, c'est celle qui m'arriva dans un
certain cabinet particulier des Vendanges
de Bourgogne, chez Legrand, au faubourg
du Temple, aujourd'hui Charlier. Ecoutez
bien, Mesdames.

J'étais avec M.....ville, c'est de tous
mes amans le seul que j'aie peut-être jamais sincèrement aimé ; il faut convenir
aussi qu'il méritait à tous égards l'amour

d'une femme par son exquise amabilité et
le charme et le piquant qu'il savait donner
aux plaisirs amoureux.

Comme je vous le disais donc tout à
l'heure , nous étions dans un cabinet particulier des Vendanges de Bourgogne , et
notre tête à tête était fortement animé par
mille propos plus libertins les uns que les
autres , si bien qu'au Champagne notre
raison était un peu déménagée , et de la
chaise où j'étais assise , j'étais passée sur
les genoux de M......ville , qui préludait
par les attouchemens les plus voluptueux
sur tout mon individu , aux plaisirs dont
nous avions résolu de rendre le cabinet le
théâtre. Le doux frottement de nos langues
qui allaient se chercher mutuellement
dans les baisers les plus lascifs, faisait fer-
menter de plus en plus en nous la sève du
plaisir, au point que les boutons du pantalon de M.......ville en sautaient , tant
son maître Jacques s'était trouvé animé

par ces tendres badinages. Pour moi , je ne savais plus où j'étais, et le seul contact de sa main, qu'il avait placé sur l'endroit sensible, me faisait fondre et me pâmer, et j'arrosais sa main de larmes du... plaisir. N'y pouvant plus tenir ni l'un ni l'autre : Viens, ma chère Eléonora, me dit-il, viens et goûtons le plaisir dans toute sa plénitude, mais bien que j'aime à lire dans tes beaux yeux l'impression qu'en pareils momens tu éprouves, je veux aujourd'hui te faire cela dans une position que nous n'avons pas encore employée et qui doublera nos jouissances.

— Dispose de moi , cher amant, répondis-je, quelle que soit la position dans laquelle tu me placeras je goûterai toujours le suprème bonheur ; être étroitement unie à toi voilà tout ce que je désire et qui veut la fin veut les moyens. Enchanté de ma réponse, il prit une chaise et l'ayant disposée convenablement.—Tiens, me dit-il,

ma chère Eléonora, mets-toi à genoux là-
dessus, mais tout-à-fait à genoux et de manière que tes pieds quittent terre; mainte-
nant appuie tes deux mains sur le dossier,
baisse la tête et ne t'occupe plus de ce qui
se passera derrière toi. J'obéis ponctuelle-
ment à son injonction, et je sentis qu'il me
troussait doucement les jupes et la chemise.
— Je veux jouir de la vue de tous tes charmes; ô ma chère Eléonora! ô dieu, quelles
fesses ravissantes, continua-t-il, pourrai-je
jamais assez les baiser et les rebaiser, et
ce cul divin! O tiens, vois-tu, ma bonne
amie, je n'ai jamais eu de goût pour la so-
domie, mais c'est un goût que je pourrais
bien prendre si j'avais souvent un si beau
spectacle sous les yeux. Oh! quelles cuisses
fermes et rebondies, et ce con aux lèvres
roses et vermeilles, et il y fourrait son
doigt, j'étais toute en feu. — Ne me fais
pas languir davantage, mon cher ami, lui
dis-je, oh! mets le moi, je t'en prie. Cé-

dant à ma prière, déjà je sentais son vigou-
reux braquemar se diriger vers le centre
des plaisirs, déjà sa tête effleurait mes
cuisses, quand soudain la porte dont nous
avions oublié de retirer la clé s'ouvrit et
laissa voir la figure stupide d'un des garçons
du restaurant, le malheureux s'était trompé
de cabinet. M....ville se retourna avec un
geste terrible et en prononçant un foutre
des plus énergiques en se dérangeant, il
laissa mes fesses exposées à la vue du ma-
lencontreux garçon que la beauté du coup
d'œil, tenait cloué à la place et qui ne savait plus s'il devait avancer ou reculer, il
y serait peut-être encore demeuré long-
temps si M....ville ne l'eut secoué fortement
par le bras et ne l'eut jeté à la porte en le
traitant mille fois d'imbécile et de mala-
droit. Cet incident avait opéré sur mon
amant une révolution qui faillit être fatale
à nos plaisirs, son outil de menaçant qu'il
était avant l'arrivé de ce garçon avait flé-

chi et commençait à baisser humblement la tête, je m'aperçus à temps du malheur qui me menaçait et par les caresses les plus tendres j'eus bientôt remis le pauvre effaré dans son état brillant. Oh ! de quels plaisirs alors je fus payée pour la complaisance que j'avais déployée dans cette occasion, après avoir de nouveau repris par quelques attouchemens tous les avantages que la surprise lui avait fait perdre, il me replaça dans la position que je vous ai décrite tout à l'heure et aussitôt je sentis entre mes cuisses l'instrument auquel j'avais dû tant de fois de douces sensations, j'aidai en poussant mes fesses vers les cuisses de mon amant à la prompte jonction de nos deux parties et je le sentis s'introduire jusqu'à la racine, sa chaleur me brûulait les entrailles, je ne fus plus maîtresse de moi et je me livrai à toute ma fureur amoureuse avec un emportement qui mettait mon amant aux nues. Ah ! disait-il, non jamais, l'Eléonora de Parny ne valut mon Eléonora. Ah! mon ange, quelles délices! va , va.... accélère encore s'il est possible les mouvemens de ce beau corps. Ah! l'admirable chute de reins; ah! ah! ah!...... Animée encore par ces amoureuses exclamations, j'y joignais les miennes et redoublant d'ardeur nous arrivâmes ensemble au port du salut, je le répète, de ma vie je n'eus tant de plaisir.

CHAPITRE VI.

Mademoiselle Dufont.

Qnelle polissonne que cette Eléonora, dit Mademoiselle Dufont, et quelle lasciveté dans les détails : elle vors fait toucher les objets du doigt et de l'œil. Je vous avouerai franchement qu'à conter après elle, je vais vous paraître ce qu'on appelle trivialement une pisse-vertylus da is la canicule ; mais, n'importe, je vais toujours essayer, et si je ne peax prétendre à mettre l'émotion où vous pɐraissez être à un plus haut degré, au moins pourrais-je vous y maintenir.

Avant de commencer je dois vous prévenir que je suis, comme ma camarade Pourgoin, extrêmement enthousiaste de la belle nature : aussi la campagne est-elle le vaste temple où j'aime de préférence encenser l'amour, et un simple tertre de gazon l'autel où je me plais à lui sacrifier. C'est donc du bois de Romainville que j'ai conservé mon plus doux souvenir, par le plaisir que m'y fit goûter le jeune vicomte de C.....d.

C'était, comme je m'en souviens fort bien encore, quelques jours après une certaine altercation que nous avons eue ensemble au sujet d'une parure qu'il m'avait refusée ; ma vanité s'était trouvée blessée de ce refus, et je lui avais même fait défendre ma porte, lorsqu'un matin il brava ma consigne, et vint humblement déposer à mes pieds ce qu'il avait d'abord osé me refuser.

A la vue du superbe écrin étalé à mes

yeux , ma colère s'évanouit entièrement ;
je lui tendis la main : mon cher vicomte ,
lui dis-je, vous le savez fort bien , nous
autres femmes de théâtre , nous mesurons
l'amour d'un homme à l'importance des
cadeaux qu'il nous fait ; vous voyez que
je suis franche avec vous , et votre refus
m'avait fait penser que vous ne m'aimiez
plus : c'est pourquoi , afin de ne pas avoir
l'air d'être quittée, j'ai dû....

— Mauvaise , me dit-il en m'interrom-
pant : ne plus vous aimer, vous savez bien
avec cette figure d'ange que c'est impossi-
ble. Allons , ma bonne amie , continua-t-
il en me serrant tendrement la main, plus
de nuages entre nous : mon tilbury est en
bas, et si tu le veux , nous irons faire un
tour de campagne.

Je n'avais plus rien à lui refuser. Nous
partîmes , et bientôt nous arrivâmes au
bois do Romainville, et là, après la brouille
le raccommodement.

Ce fut une charmille bien touffue que nous choisîmes pour être le théâtre de nos plaisirs et de nos ébats amoureux. Mon jeune amant me fit asseoir, et après quelques tendres reproches sur la cruauté qu^e j'avais montrée en lui faisant défendre ma porte : vous ne souffriez donc pas de mon absence, me demanda-t-il. — Pouvez-vous me faire une pareille question ? mais le doute où j'étais que vous ne m'aimiez plus... et ma main gauche jouait dans les boucles de ses cheveux ; tandis que ma droite s'avançait vers certain endroit ; je sentais que le contact de ma main le rendait dur à faire plaisir. Il s'étendit à mes côtés, et comme de la façon dont j'étais assise, mes jupes formaient ce que l'on appelle la petite chapelle, il coula sa main droite entre mes cuisses, et m'appliquant sa langue entre les lèvres, il me donna le plus lascif baiser, tandis que son doigt, placé dans le centre des plaisirs, me faisait pâmer avec des

ravissemens qui ne cessèrent de part et
d'autre que quand nous nous eûmes donné
par trois fois consécutives des preuves ré-
ciproques que nous ne conservions l'un
contre l'autre aucune rancune ni aucune
inimitié.

CHAPITRE VII.

Mademoiselle Léontine Fairai.

Avant de commencer je dois faire ici en quelque sorte ma profession de foi, je ne suis pas plus prude qu'une autre, mais j'ai toujours pensé que quoique femme de théâtre on devait au moins garder quelque réserve dans les incartades qu'on est susceptible de faire et ne pas s'afficher hautement, c'est une règle de laquelle je me suis rarement écartée, qui m'a valu l'espèce de réputation de sagesse dont je jouis et qui a fait dire de mon père qu'il avait toujours en poche l'honneur de sa fille sur papier timbré. Hélas ! combien de femmes et des plus hupées ne doivent leur réputation d'honnêteté qu'aux apparences et au mystère dont elles savent couvrir leurs intrigues. Croyez-moi pourtant, mesdames, au théâtre même, être bien famés vaut quelque chose ; ceci posé j'aborde mon récit et vais vous conter dans quelle situation de ma vie j'ai éprouvé le plus de plaisir.

Depuis long-temps j'avais remarqué comme un des spectateurs les plus assidus du Gymnase, et toujours placé au premier banc de l'orchestre, un jeune homme de la tournure la plus distinguée ; sa belle et pâle figure me frappait toujours lorsque j'entrais en scène, ce jeune homme m'intéressait et je ne remarquais pas sans un secret plaisir que sa vue était constamment fixée sur moi, et quand je parlais, il semblait que son âme entière fut suspendue à mes lèvres et un jour je m'aperçus que dans le rôle d'Yelva je lui avais arraché des larmes. Oh ! quelles choses ses yeux ne me dirent-ils pas ce soir-là, le lendemain je le vis s'approcher de moi à la sortie du spectacle et comme je me prêtai un peu à la circonstance, il trouva moyen de me glisser un billet dans lequel il m'apprenait sa passion dans des termes les plus brûlans ; sa lettre se terminait ainsi : Simple étudiant en médecine, je sais combien ce titre me donne peu de droits à vos faveurs et pourtant, aimable Léontine, je meurs si vous ne me répondez.

Pauvre jeune homme, fallait-il le laisser mourir quand je pouvais d'un mot le rendre si heureux ; de la nuit je ne pus dormir et dès le lendemain matin j'accomplis le dessein que j'avais arrêté d'aller moi-même porter ma réponse, sous prétexte d'aller au bain je m'habillai avec simplicité et me dirigeai vers le quartier Latin à l'adresse que mon jeune adorateur m'avait indiquée, les six étages que j'avais à monter ne m'effrayèrent pas, que ne peut l'amour, je frappe au hasard à une petite porte située

an fond d'un corridor obscur, on ouvre,
c'était bien là, quelle douce surprise pour
le pauvre jeune homme, il ne savait en
quels termes me peindre sa joie. Après la
démarche que je venais de faire, j'aurais eu
mauvaise grâce à jouer le rôle de bégueule,
je me laissai entraîner sur les genoux de
mon Alfred (c'était son nom). Il ne pouvait
se rassasier de m'accabler de baisers, je les
lui rendis avec usure ; il vit bien qu'il pouvait oser, c'est pourquoi il mit bientôt à
découvert le sceptre qu'il destinait à celle
qu'il nommait *sa reine* et me faisant asseoir
sur lui jambe de-ci, jambe de-là, il me re-
leva jupes et chemise et tandis que mes deux
bras passés à son cou , mes lèvres sur ses
lèvres, je l'étreignais étroitement, il appli-
qua ses deux mains sur mes hanches, je
sentis alors s'introduire jusqu'au fond de
mes entrailles son membre ardent, quels
ravissemens nous eûmes alors, de temps
en temps il me claquait doucement les fesses

Quels ravissemens nous eûmes alors.

pendant que je piquais des deux ma monture ; tous les feux de la volupté circulaient dans mes veines c'étaient entre nous les plus amoureuses exclamations. Oh ! ma Léontine, me disait-il, que le plaisir te paie de la jouissance inespérée que tu n'as pas dédaigné me donner.... tiens.... ah ! ah !... reçois.... l'expression de.... ma.... gratitude. Ah ! ah !... je me sentis dans le même instant toute inondée de volupté, ne voulant pas demeurer en reste j'accélérai mes mouvemens et j'arrivai au but en même temps que mon jeune amant, excité par mes transports y arrivait une seconde fois. Nous réitérâmes trois fois ce jeu charmant, j'appris cette fois-là que la véritable volupté ne peut être que dans un amour désintéressé , et quand plus tard j'entrai en liaison avec le duc de Ch...... je lui fis plus d'une fois infidélité pour mon simple et modeste étudiant en médecine.

CAAPITRE VIII.

Mademoieelle Jenny Dupré.

Qui aurait jamais pensé cela de cette petite sainte Nitouche de l'Arétin, dit Jenny Dupré ; bien que je me sois toujours défiée du feu de son œil noir, par la connaissance qne j'ai de ces deux vers d'un de nos vaudevillistes :

Quand le feu gagne la fenètre,

C'est qu'il fait chaud dans la maison.

Ah ! bien, ma foi moi, je n'y vais pas par quatre chemins. Tout le monde sait que je ne manque pas d'aventures : j'aime l'article. Est-ce ma faute, après tout, n'est-ce pas plutôt celle de la nature ; on m'a surnommée dans le temps la boîte à la ch. . . . p. . . . Il y avait exagération, car je ne l'avais jamais que par inter-valles et non continuellement, comme on a bien voulu le supposer. Quoi qu'il en soit, je vais essayer de vous rapporter une des mille et une occasions de ma vie où j'ai eu du plaisir :

Tout aussi bien que Léontine, j'eus un adorateur parmi les étudians, mais celui-là était un étudiant en droit : il s'était amouraché de moi dans le rôle de sim-plette du Chaperon-Rouge. Pendant long-temps je laissai sans réponse les billets langoureux qu'il m'adressait, lorsqu'un jour il lui vint dans l'idée de changer de style dans sa déclaration, et son billet, que j'ai toujours conservé depuis, était d'une si grande originalité, qu'il me fit im-

pression, et qu'il commença à me disposer
un peu plus favorablement pour mon jeune
poursuivant d'amour : son billet était ainsi
conçu :

Adorable Jenny.

J'avais cru d'abord que vous étiez
comme beaucoup d'autres femmes, et que
les belles phrases dont j'ai jusqu'ici assai-
sorné mes déclarations, pourraient me
mériter vos faveurs : à défaut de *quibus*,
je vois que je me suis trompé et je me ra-
vise. Vous le savez, pauvre étudiant en
droit, je vis au jour le jour avec le peu
d'argent que mes parens veulent bien m'ac-
corder pour poursuivre mes études. Je n'ai
donc pas de richesse à vous offrir ; en re-
vanche, si vous êtes désireuse d'apprendre,

je me charge de vous instruire dans ma profession , et de vous faire connaitre quelle différence il y a entre le fait et le droit, et nous étudierons ensemble , vous prenant en main les Pandectes de Justinien, et moi cherchant à approfondir les écrits de Confucius. Je vous réponds d'avance que vous serez satisfaite des objet que je soumettrai à votre judicieuse analyse.

Comme je vous l'ai dit , mesdames , l'originalité de ce billet m'a appé, et de ce moment je n'eus plus de cse que je ne me fusse mise en rapport d'intimité avec son auteur ; je me rendis chez lui, je trouvai mon mauvais sujet couché sur son lit dans un doux *far niente*, n'ayant d'autre vêtement sur le corps que sa chemise. En me voyant entrer, il se prit à souire. Ah ! ah ! dit-il, à ce qu'il paraît, mon épître a fait son effet, fe que vous

êtes. Eh bien, je tiendrai ce que j'ai pro-
mis. Puis il ajouta en se levant et en s'a-
vançant gaiement vers moi : Mais il faut
vous avertir que nulle gêne ne doit se
mêler à nos leçons. Et en disant ces mots,
je sentis qu'il détachait les agraffes de ma
robe. Pour moi, curieuse de voir jusqu'où
tout cela irait, je le laissai tranquillemen
faire. Bientôt je me trouvai dans le même
état que lui, n'ayant plus sur moi d'autre
vêtement que mon corset et ma chemise ;
puis il m'entraina vers son lit et se reje-
tant dessus pendant qu'il m'obligea à rester
debout à côté de lui. — Tiens, me dit-il
en riant, voici les Pandectes de Jnstinien,
et il prit ma main droite qu'il plaça sur
son outil, et je vous avouerai, mesdames,
qu'il ne m'avait pas trompée, je fus conten-
te de ce qu'il offrait à mon analyse, jamais
objet plus merveilleux n'avait frappé mon
regard. De son côté, il s'occupa, comme
il l'avait dit aussi, à ouvrir le livre de

Confucius. A cet effet, passant une main derrière mes fesses qui étaient à découvert (car le polisson m'avait attaché ma chemise à mon corset, en la relevant jusqu'à sous mes bras) et son doigt se plaçant à l'entrée du temple des plaisirs, j'éprouvai bieutôt un chatouillement et un plaisir qu'il me serait difficile à définir. Quant à mon jeune étudiant, je le voyais se mourir de volupté sous les pollutions de ma main, exercée à ce doux jeu. Bientôt je ne pus plus durer à côté du lit, et je me jetai dans les bras amoureux de mon jeune amant, où je ne tardai pas à trouver d'indicibles jouissances. Oh! le polisson! Quelles aimables roueries il sut mettre en œuvre! Mes cuisses, mes tétons, ma bouche, mes aisselles, mes jarrêts, tout fut pour lui autel à sacrifier, et je ne sortis de chez lui, qu'impregnée de semence des pieds à la tête. Non, de ma vie je n'eus autant de plaisir que ce jour-là, et depuis, quand nous nous rencontrions, mon étudiant et moi, nous nous sourions mutuellement au souvenir de ce bienheureux moment et nous nous trouvons encore heureux.

CHAPITRE IX.

*Madame Montessu, Jenny Coton, Mariana
et Edélinetta.*

La discussion finissait par être moins
animée dans la salle voisine, voilà dit,
mademoiselle Bourgoin nos messieurs qui
commencent à se lasser de leur politique,
je crains bien qu'ils ne viennent nous sur-
prendre et que celles de nous qui ont encore leur confession à faire n'en puisse
venir à bout.

Oh ! dit madame Théodora, il reste encore Montessu, Coton, Mariana et la petite
espiègle Edélinetta, mais comme je sais

d'après leur propre aveu que ces dames ont un goût de predilection pour les plaisirs de la petite oie, leur confession peut être abrégée, il suffira qu'elles nous disent dans quelles situations elles aiment à être placées pour jouir des bagatelles de la porte.

— Oui, oui, c'est cela la description des positions seulement, dirent à la fois toutes ces dames.

Oh! pour moi, dit mademoiselle Montessu, j'ai mieux que cela à vous conter : j'ai eu certaine aventure au bois de Romainville qui m'a laissé de bien agréables souvenirs.

J'avais toujours entendu parler du plaisir qui procurent aux petites grisettes de Paris les cavalcades de Montmorency, j'eus la fantaisie d'en essayer, j'en parlai au jeune M......, qui me faisait alors la cour, il m'assura que sans me déplacer autant, Romainville m'offrirait les mêmes plaisirs, nous prîmes jour pour nous y rendre.

Il me met dans la main un outil que j'ai de
la peine à empoigner.

Après avoir déjeûné amplement de lai-
tage et d'œufs frais, je me fis amener un
roussin d'Arcadie d'une grande beauté,
mais l'animal était têtu comme un âne, c'est
le mot, cependant à force de coups je le
décidai à prendre le galop. Oh ! alors, une
fois parti il n'y eut plus moyen de le retenir,
il m'emporta dans le bois à travers ravins
et broussailles avec une telle rapidité, que
ma robe en voltigeait et laissait à découvert
jusqu'à mes cuisses, ce qui n'était pas un
spectacle désagréable pour les jeunes gens
que dans ma course rapide je voyais passer
à côté de moi, je me tenais en selle aussi
bien que possible ; tout à coup je perdis
l'équilibre et j'aurais infaillement roulé à
terre, si M...... qui me suivait de près ne
fut parvenu à me retenir d'une main, tandis
que de l'autre il saisit la bride du maudit
baudet, j'étais toute essoufflée, le lieu où
nous nous étions arrêtés était propice au
repos, M......, m'y fit asseoir et attacha nos

montures à un arbre, puis il vint se placer auprès de moi, j'étais émue par la peur que j'avais eue ; il trouva que cette émotion lui était favorable et pour me prouver quels désirs, l'état où il me voyait excitait en lui, il déboutonna son pantalon et me mit en main son superbe Priape, je m'abandonnai nonchalamment d'abord à ses caresses ; mais bientôt il y mit tant de feu que l'incendie me gagna, il avait coulé sa main sous mes jupes et me palpait les cuisses puis jouant avec la forme de ma motte, il m'inspira je ne sais quel désir de volupté, qui ne fut satisfait que quand nous eûmes sacrifiés trois fois consécutives à l'amour sur cet autel de la nature, je puis vous jurer, mesnames, que jamais je n'eus plus de plaisir que cette fois là.

Moi, dit mademoiselle Coton, qui n'a pas d'aventures particulières à vous citer, je vous dirai que je mets ma plus grande jouissance à être assise sur les genoux d'un amant, à entourer son cou de mes bras pendant qu'il me fait les plus tendres caresses, ma passion favorite est de faire une sorte de melange de la pudeur et du libertinage, aussi me voit-on rougir, baisser les yeux pendant l'action ; oui, j'aime à jouer la modestie pendant qu'un jeune amant dévoré de désirs sans fruit me retrousse jusqu'aux aisselles, mes cuisses fermes et blanches les écarte, introduit dans ma fente rose et vermeille un doigt libertin qu'il pose sur la petite éminence que vous savez, et le fait agir avec adresse. Combien mon bonheur est grand ! mes fesses s'agitent doucement, tout mon corps tremble de bonheur ; je serre mon aimable amant à l'étouffer et poussant de longs légers soupirs semblables aux doux gémissemens de la tourterelle, je lui mets dans la main des indices non équivoques du plaisir qu'il me fait goûter, et je me pâme enfin dans ses fras ravie au septième ciel et inondée de élicité.

Pour moi, dit mademoiselle Mariana, sont les plaisirs pris à l'improviste qui ont le plus de charmes pour moi, comme ces gens qui en se levant le matin ne savent pas comment ni où ils dîneront. Moi, je ne sais souvent quelle occasion l'amour me fournira de lui prouver mon dévouement à son culte, je n'ai pas d'amant attitré et j'attends toujours du hasard et de l'occasion des bonnes fortunes que mon heureuse étoile veut bien m'envoyer. Mon plus grand passe temps est de visiter les jardins publics et là de me placer sur une chaise attendant que quelque cavalier aimable veuille bien me remarquer et lier conversation avec moi, ce qui ne tarde pas vu l'effronterie des regards que je porte sur tous les hommes qui passent devant moi. La conversation une fois engagée j'ai l'art de la conduire sur des sujets libertins que j'aborde avec esprit, et de façon à échauffer peu à peu l'imagination de mon interlocuteur qui ne tardant pas à s'apercevoir qu'il n'a pas affaire à une Lucrèce, me propose son bras pour faire un tour de jardin; c'est là où je t'attends au détour d'une allée qui nous cache à tous les yeux, il risque un baiser dont je ne m'offense point, sa hardiesse augmente tout en discourant; nous nous arrêtons derrière un arbre que bordent des charmilles touffus, et je me vois bientôt trousée', et mes cuisses se sentent maniées avec une ardeur sans pareille.

— Ah! c'était donc pour en venir là mauvais sujet, dis-je alors en riant, et le mauvais sujet se déboutonne et me met dans la main un outil que souvent je puis à peine empoigner.

— Ah! mesdames, si vous saviez, quel charme il y a de se livrer aux caresses, aux embrassemens d'un homme aimable, d'en recevoir, de lui donner du plaisir pendant qu'à quelques pas de vous la foule tourbillonne sans se douter du mystère qui s'accomplit ; d'honneur c'est un plaisir divin.

— Ah ! ma foi, s'empressa de dire la blonde et friponne Edelinetta, aime la foule et le monde qui voudra, moi je trouve que c'est dans la solitude qu'on éprouve le plus de plaisir à faire la douce affaire, et puis-que Mad. Théodora vous a dit que la petite oie était le vrai et suprême bonheur, pour moi, je ne la démentirai pas, mais vous allez juger par le raffinement que je sais y mettre, si j'ai tort dans mon goût.

C'est ordinairement chez moi et rare-ment ailleurs, que je me livre à ce doux passe-temps : nous y procédons, mon amant et moi avec détails : j'approche de mon lit une chaise, puis m'asseyant sur le lit même, je pose le pied droit sur le cous-sin de la chaise, ensuite je mets le pied gauche sur le premier, traversant ainsi le dossier de la chaise, et j'écarte les cuisse en me retroussant jusqu'à la ceinture ; dans cette position , j'offre aux yeux de mon amant les charmes les plus secrets que produise la nature : une jambe faite au tour, que recouvre un bas blanc bien tiré, des cuisses potelées, fermes et d'une blancheur qui ne laisse rien à désirer ; puis vient le temle des plaisirs , petit portique entouré d'une mousse fine et frisant en petits anneaux légèrement bouclés. De son côté , mon amant me met en main son instrument, et d'un coup-d'œil ravissant mes doigts le pressent , et leur mouvement onduleux , que je dirige du haut en bas, puis du bas en haut ; communiquent à son porteur les plus douces sensations dont je ressens le contre-coup par le doux frottement dont ma petite éminence est l'objet. Mon œil attentif constamment baissé, suit voluptueusement les mouvemens du doigt de mon amant, et bientôt nous sentons tous deux les approches du plaisir ; nous redoublons nos mouvemens avec une vigueur excessive ; son sperme s'élance et va tomber à quelques pieds sur le tapis, tandis que le mien coule sur sa main au milieu des plus amoureuses exclamations du plaisir , de la volupté et des jouissances infinies.

La petite Edelidetta venait à peine de terminer son récit , quand Arnal, un peu chancelant , par l'effet du Champagne , entre annoncer à ces dames que le café était servi. Toutes se levèrent pour rejoindre ces messieurs : toutes étaient bien rouges , bien animées, de sorte que ces messieurs durent s'en apercevoir , et je ne répondrai pas de ce qui se passa sous la table pendant le reste de la séance ; il est probable que plus d'un attouchement tant

soit peu clandestin eut lieu ; que peut-être
sous l'impulsions des récits qu'elles avaient
faits et entendus , plus d'une donna à son
voisin rendez-vous pour la nuit suivante ;
je ne puis vous en dire davantage.

FIN.